Pour Harmony, Marty, Mathilde et Antonin

Numéro du livre dans la collection : 32

Textes de Bernard Brunstein

Yanpetro Kavlan pour les illustrations - http://www.yanpetro-kavlan.fr

ISBN : 9782322083039

Contes pour enfants de

Bernard Brunstein

Illustrations de Yanpetro Kavlan

Les renardeaux et la pie

Même chez les animaux, l'amour se multiplie par deux. Tout au fond du terrier, Re et Nard sont nés.

Re et Nard, entourés de l'amour de leurs parents, grandissaient sagement sans se soucier du monde situé au-delà de leur terrier.

Le jour de leur anniversaire, leur Papa leur dit:

«Ecoutez les enfants, la vie n'est pas un long fleuve tranquille. Le monde est cruel. Il vous faudra trouver à manger. Fini les tétées!»

«Venez, leur dit maman, je vais essayer de vous expliquer.»

«Regardez, même les sangliers sont obligés de chercher leur nourriture.»

«CHUT ! Voyez, nous sommes là chez Juliette et Jean-Pierre, les amis de Kounix le lapin, mais c'est une autre histoire qu'un jour je vous raconterai.»

«Alors les enfants, écoutez et regardez ! Vous voyez ces deux belles en habits de gala, les humains les appellent des pies.»

«Noires et blanches, pourtant elles pourraient, entre vos dents, faire un succulent repas. Miam-miam…»

CHUT!

Loupé !

«Voyez les enfants, dans la vie rien n'est acquis. N'oubliez jamais les conseils de votre maman. Mais ou êtes vous?»

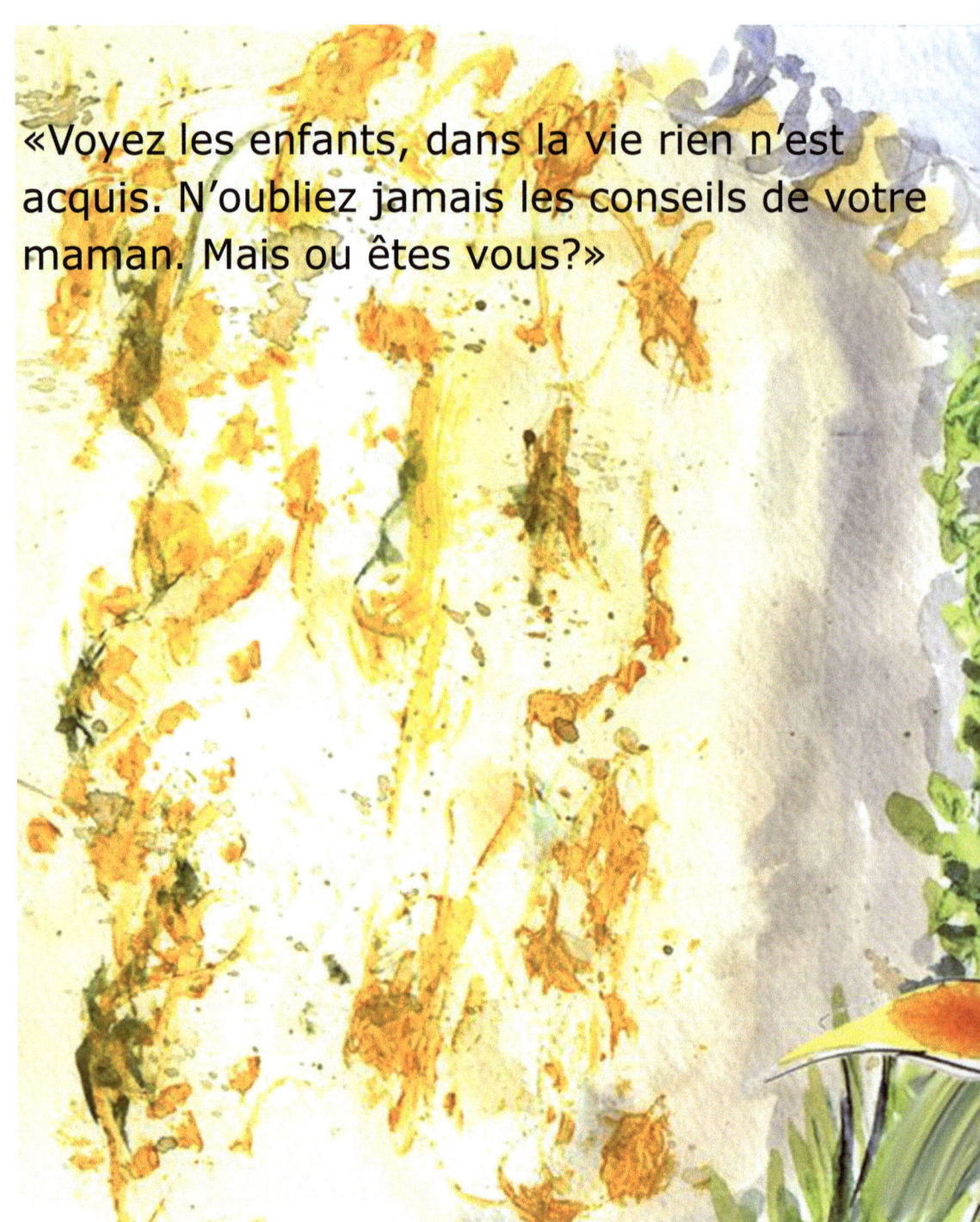

«A l'aide, à l'aide!»
Re et nard sont tombés dans la citerne.
«N'ayez pas peur les enfants, maman revient.»

Tout au fond de la citerne, qui pouvait leur venir en aide ?

Re et Nard commencèrent à crier et à pleurer.

Une maman pie entendit leurs pleurs. Émue, elle ne pouvait laisser ces deux petits au fond de cette citerne.
«J'ai une idée, je reviens.»

Aidée par deux de ses cousines, elle apporta une branche qu'elle fit basculer dans la citerne.

Et c'est ainsi que Re et Nard purent remonter et sortir de ce piège.

Ils s'empressèrent de raconter leur aventure à leurs parents et depuis ce jour, sur la colline de Saquier, les renards et les pies vivent heureux ensemble.

Editeur : BoD-Books on Demand, 12/14 rond point des Champs Élysées, 75008 Paris, France
Impression : BoD-Books on Demand, Norderstedt, Allemagne
ISBN :9782322083039
Dépôt légal : Septembre 2017